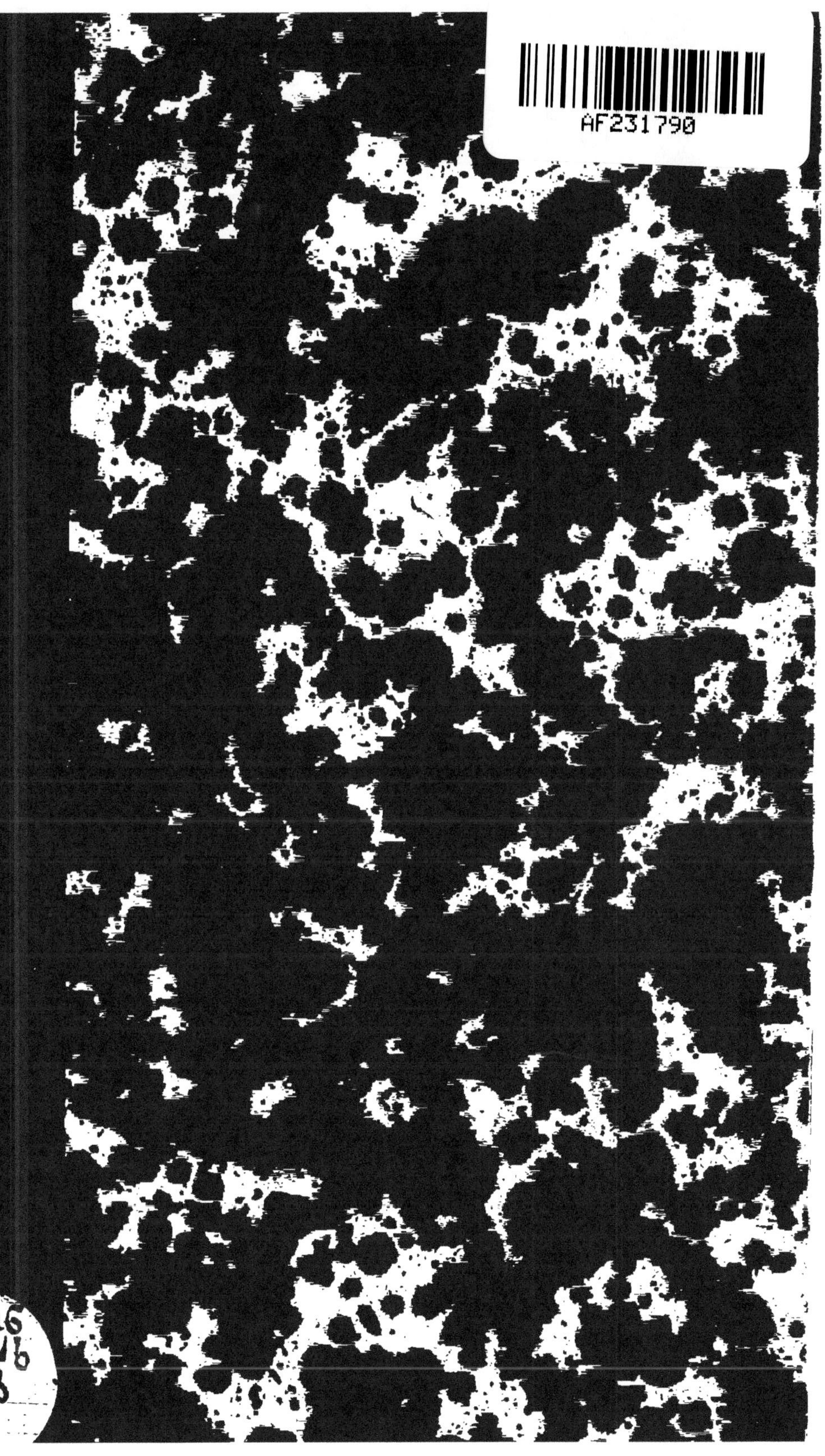

46

Lb 128.

LE RÉVEIL DE NAPOLÉON,

OU

LES DESTINS DE LA FRANCE

ACCOMPLIS.

DE L'IMPRIMERIE DE M^{mc} Ve JEUNEHOMME,

RUE HAUTEFEUILLE, N° 20.

LE RÉVEIL

DE NAPOLÉON,

OU

LES DESTINS DE LA FRANCE

ACCOMPLIS;

Par M. P***,

Auteur de *A bas la Cabale.*

PARIS,

DELAUNAY, Libraire, au Palais-Royal.

PLANCHER, rue Serpente, n° 14.

AVRIL 1815.

LE RÉVEIL DE NAPOLÉON.

Fatigué d'une lutte inégale et sanglante, oppressé de douleur de se voir trahi par ceux qu'il avait élevés et qu'il aimait, Napoléon préféra, il y a onze mois, une sage retraite à une résistance qui eût coûté la vie à un grand nombre de citoyens.

Le héros malheureux choisit l'île d'Elbe pour se reposer. Un peuple simple et bon le reçut avec enthousiasme; il eut pour vrais amis deux hommes de mérite et quelques braves qui lui avaient servi d'escorte. Dans ce nouvel état, Buonaparte oublia qu'il était fait pour régner sur un grand peuple; il mit son bonheur à faire celui de ses nouveaux sujets, et ces insulaires demi-sauvages devinrent une nation toute nouvelle.

L'âme active de Napoléon n'eut point de repos qu'il n'eût satisfait son ardent désir de rendre les habitans de l'île d'Elbe dignes de lui. Son ouvrage achevé, il réfléchit sur les grands événemens qui l'avaient amené dans sa retraite, et pensa à ses destins futurs. En méditant sur le sort des empires, ses pas le conduisirent dans un endroit solitaire des vastes jardins de son palais. Une voûte de feuillage impénétrable aux rayons du soleil offrit au héros l'ombre et la fraîcheur, et l'invita à s'arrêter; des plantes, des arbustes formaient une clôture naturelle et charmaient la vue. Napoléon promenait ses regards sur ce beau lieu, lorsqu'il aperçut un lit d'une nouvelle espèce : c'était un amas de lauriers recouvert de vieux drapeaux dérobés à ses ennemis par ses fidèles soldats, et qu'ils avaient rassemblés comme un monument de la gloire de leur général. A la vue de ce gage de leur amour, une larme d'attendrissement mouilla sa paupière; il se coucha sur ce lit d'honneur, et baisa ces lambeaux précieux, arrosés du sang des braves qui avaient combattu si glorieusement sous ses ordres. Le souvenir de ces jours heureux, où l'éclat de sa renommée allait d'un pôle à l'autre et faisait trembler l'Europe, remplit son âme d'amertume. Dans cet instant un sommeil mystérieux saisit le grand homme; un temps considérable se passa sans qu'il s'éveillât. Ses fidèles gardes, l'ayant trouvé endormi, dressèrent une large tente pour le préserver des insectes; puis, s'étant mis à l'entrée, ils attendirent avec impatience la fin de ce sommeil léthargique, qui pouvait être funeste à leur cher général.

Cependant cette belle couronne de France, que le héros avait déposée un moment, était au pouvoir d'un prince qui, s'en disant le maître, ignorait le grand art de la porter. Issu d'une famille long-temps révérée en France, parent d'un monarque vertueux, ces seuls titres eussent assuré à Louis le trône qu'occupaient ses ancêtres, s'il se fût mis à la tête de la noblesse pour sauver son frère; s'il eût délivré la nation de l'odieuse anarchie qui la dévorait; s'il eût eu le courage d'imposer silence aux factions, et, au péril de sa vie, de reconquérir sa couronne. Mais dix-neuf ans d'un abandon coupable le rendirent presqu'étranger à son propre pays; Louis parut ne se souvenir de la France que pour y porter le fer et la flamme, créer la guerre de la Vendée, et applaudir aux massacres de la Bretagne. Traînant sans gloire sa triste existence, le comte de Lille semblait avouer par sa conduite l'impuissance et la folie de ses anciennes prétentions, quand, par un coup du sort, les alliés, avec quatre cent mille hommes, le présentèrent à la nation française, et avec lui une famille inhabile, plus propre à l'intrigue qu'à gouverner un royaume.

Dès les premiers pas, Louis fit des fautes irréparables. Tremblant devant les puissances qui l'avaient mis sur le trône, il reconnut leur devoir sa couronne, et se dirigea par leur volonté. Roi seulement de la noblesse, il lui sacrifia le reste des Français, et ne s'occupa que de lui rendre ses priviléges. Il renouvela des institutions tombées en désuétude ; il abolit impolitiquement ce qui avait été fait de bon pendant son absence, et jeta l'alarme dans l'esprit des acquéreurs de biens nationaux. Les guerriers français se virent humiliés ; on leur fit un crime de leurs victoires, et on les confondit avec ces hommes de sang qui avaient couvert la France d'échafauds.

Une conduite si blâmable aigrit ces braves ; elle leur fit présager des maux encore plus grands sous un règne où les momeries et l'astuce monacales remplaçaient la loyauté et la franchise militaires ; leurs vœux appelèrent celui qui, pendant quinze ans, les avaient estimés, honorés ; qui, sans acception de rang ni de personne, savait distinguer le mérite, encourager le talent, électriser le courage et récompenser la valeur.

Un jeune officier qui, à l'âge de vingt ans, avait reçu la croix des mains de Buonaparte, tout dévoué à sa personne, se chargea de porter leurs plaintes à leur bien aimé général. Bravant tous les périls, il arriva à l'île d'Elbe.

Heureuse troupe ! dit-il en embrassant ses anciens camarades, qui, en suivant l'élan de son cœur, a partagé la fortune du grand général !

nous tous, nous eussions fait comme vous, mes amis, si Napoléon l'eût voulu; mais, respectant ses ordres, nous nous sommes soumis; la perte de nos grades, de notre fortune, des disgrâces sans nombre ont été la récompense de notre amour pour le héros du siècle. Louis n'a pas su connaître de vieux guerriers sensibles à l'honneur; il leur a préféré pour sa garde des jeunes gens imberbes, incapables de le défendre, et il a prouvé qu'il ne se connaissait pas en hommes..... Aussi maladroit dans le choix de ses ministres que dans celui de sa maison militaire, le roi s'est entouré de courtisans qui, flattant son faible pour le pouvoir absolu et pour le retour du régime féodal, vont faire chavirer le vaisseau de l'Etat et renverser le trône.........

Comment! que dites-vous? camarade...... Dans leur surprise, tous ces braves entourent l'officier et le pressent de questions. Hâtez-vous, jeune homme, de nous raconter ce qui se passe en France.—Le trône de Louis chancelle; des abus révoltans exaspèrent les Français; les soldats, qui traînent sans gloire une existence pénible, n'ayant plus l'espérance de combattre en citoyens, se voient encore commandés par des chefs qu'ils méprisent, par ceux qui, il y a un an, ont tourné leurs armes contre la patrie......... Ces soldats, toujours tendrement attachés à leur ancien général, redemandent à grands cris Buonaparte et l'honneur........ ils l'attendent...... Le sentiment qui les anime ne fait qu'une âme de cette belle et nombreuse armée. Ces braves ont pris des violettes pour signe de ralliement, parce que, disent-ils, leur père reviendra dans la saison où cette fleur embellit la terre. Que vous dirai-je ? le peuple pense comme l'armée : le salut de la France exige le retour de l'empereur.....

Charmés des dispositions favorables des Français, les braves amis de Buonaparte paraissaient douter encore de ce bonheur inespéré qui les rappelait dans leur patrie sous de si heureux auspices; ils continuèrent leurs questions.—Quoi! Louis n'a pas su maintenir l'esprit public en sa faveur!—Le roi aime le trône, et non les Français; ceux-ci le savent à présent....... Il a promis beaucoup, avec l'intention de ne rien tenir. Il a gagné ses ministres, corrompu les deux chambres; ce ne sont tous que des courtisans sans âme, ou plutôt de lâches valets qui trahissent la nation, mendient la faveur, et rampent pour aller à la fortune; ils ont osé proposer, dans les chambres, de refuser le serment à la constitution!...... —Et les émigrés? —Les émigrés, semblables aux sauterelles qui affligèrent l'Egypte sous les Pharaons, viennent par nuées en France; pâles, hâves, usés de misère, ils sont gonflés d'orgueil.

Ce n'est pas assez pour eux de palper l'argent du peuple, d'accaparer les places et d'affamer la cour, ils inquiètent encore les acquéreurs de biens nationaux, contre lesquels ils méditent une Saint-Barthélemi. . . . . . . Les Chouans, les Vendéens sont les intimes amis du monarque, il les comble d'honneur, et veut faire élever en Bretagne un monument à leur gloire, qui perpétue leur amour pour lui et le souvenir de leurs massacres. — Les prêtres ! — Les prêtres gouvernent Louis et la princesse ; ils pullulent à la cour et dans l'administration. Abusant de l'âge et des infirmités du roi pour effaroucher sa conscience, ils s'emparent de l'âme faible et craintive de la duchesse pour lui faire voir un ennemi dans chaque Français, et dans le ciel un vengeur, qui se doit à lui-même d'anéantir un peuple rebelle, assez audacieux pour chercher à secouer ses fers . . . . . C'est ainsi que ces hommes rusés, toujours redoutables au gouvernement, quand la Philosophie n'est pas assise sur le trône, savent se mettre au-dessus du prince, lui dictent des lois, et tiennent les peuples sous un joug insupportable. . . . . . Déjà les jésuites s'établissent sourdement en France . . . . . Nous espérons que bientôt l'inquisition viendra achever de rendre notre bonheur parfait. — Pauvre France ! . . . . Mais, que disent les journalistes ?

— Ils disent.... ce qu'on leur fait dire. Ils parlent dans le sens de ceux qui les paient, et craignent tellement de voir supprimer leurs feuilles, que jamais leur plume mercenaire ne hasarde une vérité utile. Il est des écrivains plus coupables encore, qui, pouvant être libres, trompent véritablement le peuple par la confiance qu'ils inspirent, ce sont ceux qui écrivent l'histoire. Ceux-là aussi, en altérant les faits, ont cherché à se rendre agréables à la cour; ils ont bassement sacrifié l'honneur de la nation, ils ont renoncé à la gloire que nos braves armées ont acquise, pour le barbare plaisir de rabaisser le grand homme qui illustra sa patrie adoptive. Ces âmes vénales préfèrent un peu d'or à la patrie!.... Ils vont jusqu'à porter leurs hommages aux pieds de l'étranger, jusqu'à reconnaître que les Français leur doivent leur bonheur!.. ... Insensés ! Ce repos factice, comme l'a dit un homme d'esprit, *est une halte dans la boue.*

Lorsque l'officier français eut achevé de satisfaire la curiosité de ses anciens camarades, la joie la plus vive succéda à la surprise; un cri unanime se fit entendre : partons, volons au secours de nos compatriotes ; que la France retrouve sa tranquilité, sa force et sa splendeur; formons un mur d'airain qui mette à l'abri ses frontières; que nos ennemis tremblent..... Pou-

vons-nous oublier leur entrée triomphale à Paris,
et la honte qui nous forçait à baisser le front!....
Nous voyons encore cet insultant feuillage attaché à leurs bonnets !..... Vengeons-nous!
vengeons nos frères d'armes. ... Replaçons sur le
trône celui que nous chérissons, celui qui est le
seul digne, par ses rares talens, de commander
une nation grande et généreuse..... Napoléon,
réveillez-vous, s'écrièrent ces braves, tous à la
fois : la France vous appelle ; la gloire vous
attend ; une carrière nouvelle s'ouvre devant vous ;
jamais plus belles destinées ne s'offrirent à un
mortel...... Général, réveillez-vous !.....

L'état major se rassemble ; les tambours bat-
tent aux champs ; la musique joue marches et fanfares ; les cris de joie augmentent ; le délire est
à son comble.... Dans leur impatience, les braves
entr'ouvrent la tente de Napoléon ; quel spec-
tacle frappe leurs yeux ! La terre est couverte
de violettes ; les lauriers plantés en terre autour
du grand général, ayant pris racine , se sont
élevés, et forment une couronne sur sa tête ;
quelques soldats même , éblouis par la force de
leur attachement , crurent voir Minerve s'en-
tretenir avec le héros, et le couvrir de son
égide. Plus ces guerriers regardent Napoléon,
plus ils sentent augmenter leur respect pour cet

homme extraordinaire, auquel le destin de l'Europe paraît attaché....

Cependant le héros prononce quelques paroles à voix basse; un silence religieux succède au tumulte : tous sont le col tendu, l'oreille attentive, l'œil fixé sur Napoléon ; ils distinguent ces mots : un roi n'est grand qu'en faisant le bonheur de son peuple..... L'affection des citoyens pour le chef suprême, assure sa puissance..... Le livre de la Vérité vient de m'être ouvert..... Je serai docile à sa voix..... Je régnerai désormais par la justice..... Lorsque Napoléon achevait ces mots, un vent léger s'éleva, qui, dérangeant le feuillage dont il était couvert, laissa voir sous son bras droit les *Pensées de Marc-Aurèle.* Un papier était auprès du livre; on y lisait, écrites de la main de Buonaparte, ces paroles mémorables des sages de la Grèce : le gouvernement le plus parfait est celui où *la loi tient lieu du souverain ; où les habitans ne sont ni trop riches, ni trop pauvres; où la vertu est en honneur et le vice abhorré ; où les dignités ne sont accordées qu'aux gens de bien et jamais aux méchans; où l'on compte les lois et non les orateurs ; où l'autorité est confiée à des mains soutenues par l'honneur et dirigées par la vertu.* Cette dernière phrase était en très-gros caractère.

A cette vue non équivoque des sentimens loua-
bles du héros, et du sort heureux que son retour promettait à leur patrie, les soldats, ne
pouvant plus contenir l'excès de leur joie, s'y
abandonnèrent par de bruyantes acclamations :
les fanfares se firent entendre de nouveau, et
l'on appela à grands cris le général.

Enfin, l'heureux moment était arrivé, Napoléon se réveille de son assoupissement, ra-
fraîchi de ses fatigues, et plus fort que jamais.
Il se fit rendre compte de ce qui s'était passé
pendant son sommeil ; il écouta attentivement
l'envoyé de l'armée française ; mais rien de ce
qu'il lui apprit ne l'étonna. Buonaparte se re-
cueillit quelques instans ; ensuite il dit à l'officier : je ne tromperai pas l'espoir des Français..... Je pars...... Je sais que je leur suis
nécessaire..... Ils peuvent compter sur moi.....
Je serai à Paris dans dix-huit jours ; aucun
obstacle ne retardera ma marche.....Par mes
soins, le peuple français recouvrera sa liberté ;
il jouira d'une représentation vraiment nationale ; il aura la liberté de la presse, la respon-
sabilité des ministres...... mes promesses ne
seront point illusoires.....Je le jure à la face du
ciel et de la terre, je renonce aux conquêtes :
le temps des erreurs est passé..... Je maintien-
drai le traité de Paris ; je donnerai à la France

la paix et la prospérité..... Jeune homme, con-
tinua Napoléon, portez à l'armée ces paroles
consolantes. — Allez, et disposez-la à me rece-
voir.... »

En prononçant ces mots, Buonaparte parais-
sait inspiré ; quelque chose de surnaturel, ré-
pandu sur toute sa personne, faisait croire à
ses paroles comme à celles de la Divinité ; le
sentiment qu'on éprouvait en l'écoutant, pas-
sionné, irréfléchi, tenait du prodige. Ses fidèles
gardes étaient dans une respectueuse admiration ;
ceux même qui l'aimaient le moins, subjugés
par son irrésistible ascendant, reconnaissaient
la supériorité de son génie : espérons, disaient-
ils ; tout mortel peut faillir ; mais il n'y a qu'un
grand homme qui sache réparer noblement ses
fautes, surmonter la fortune contraire, et sortir
du sein du malheur, plus majestueux, plus admi-
rable que jamais ! »

Buonaparte a été favorisé du ciel par ses mal-
heurs mêmes. Ses ennemis, persuadés qu'il ne
se réveillerait point, qu'une mort inévitable étant
la suite de ce long sommeil, ils n'avaient rien à
craindre de lui, ne le ménagèrent ni dans leurs
discours, ni dans leurs ouvrages. Quelques-uns
d'entre eux, cependant, moins passionnés que
les autres, parlèrent avec force, mais avec sagesse.... Le héros fut jugé vivant, avec autant

de sévérité, que si, descendu aux enfers, il eût paru devant le tribunal de Pluton. Buonaparte eut le courage de boire, jusqu'à la lie , le breuvage amer qui lui dessillait les yeux , et qui était pour lui le miroir de Renaud..... Il *oublia* le motif, peu digne de lui, qui avait conduit la plume de ces folliculaires à gages; mais, profitant de leurs satires pour s'examiner et faire de sérieuses réflexions sur lui-même, il repassa dans sa mémoire les cinq dernières années de sa vie, et reconnut, chose bien rare ! que des flatteurs l'avaient égaré.... Cette dure épreuve, dont Buonaparte triompha par la force de son esprit ; ce creuset où sa vertu sortit et plus pure et plus belle, nous sont un sûr garant de notre bonheur futur.

Mais, fût-il un Dieu, Napoléon travaillera en vain pour les Français, s'ils ne veulent pas eux-mêmes le seconder. La mobilité de caractère, que nous tenons de notre climat, s'est beaucoup augmentée depuis la révolution. Les grands événemens qui se sont déroulés sous nos yeux en si peu d'années; les formes nouvelles, imprévues, extraordinaires qu'ils ont eues, ont donné à nos fibres un ébranlement, et à nos esprits une activité qui ressemblent à la fièvre d'un malade, et que le régime le plus doux peut à peine calmer. Cette agitation semble doubler notre existence, et nous faire, pour ainsi dire, sentir davantage la vie, en nous donnant des émotions fortes. Notre âme, toujours suspendue entre la surprise, la crainte, la terreur, la joie, l'amour, la haine, s'accoutume au changement, quand la raison, rarement d'accord avec les sens, sollicite un état stable et un repos bien nécessaire.

Puisque nous sentons le besoin de ce repos, laissons-nous donc gouverner par la raison ; ayons un esprit public et soyons moins légers. Aimons la patrie par-dessus tout ; fuyons l'égoïsme. L'égoïste mérite à peine le nom d'homme ; il détourne sa vue du malheureux, et méconnaît son frère. Avec ce vice odieux, on vit isolé, sans amis. C'est à la suite d'une révolution qu'on peut dire avec vérité :

« .... L'homme jaloux, insensible, inhumain,
Abhorre, ne plaint point, déchire son semblable :
De l'homme, avec regret, l'homme apaise la faim.
Qui semble malheureux, à nos yeux est coupable.
Tous les cœurs sont d'airain : le grand est orgueilleux,
Le riche avare, et le pauvre envieux.
L'univers est un temple où l'on voit l'injustice
Se targer sur l'autel, un sceptre dans la main ;
La modeste Vertu, victime du dédain,
Y marche l'œil baissé devant l'éclat du vice ;
Et les pâles talens, couchés sur des grabats,
Y veillent consumés par la faim qui les presse,
Tandis que s'égayant, chantant dans la paresse,
L'ignorance au teint frais s'endort sur le damas.

GILBERT.

Moins égoïstes, nous secourrons nos semblables ; mais encore, tenant compte au souverain
des efforts qu'il fait pour nous rendre heureux,
nous attendrons patiemment le résultat de ses
opérations ; nous nous reposerons avec confiance
sur ses talens et son génie. Ils sont les véritables
ennemis de la France ceux qui exagèrent ses
maux sans vouloir jeter les yeux sur ses res-
sources ; ceux qui veulent tout obtenir sans faire
le plus léger sacrifice ; ceux qui, n'ayant aucun
égard à la situation critique de l'empire, deman-
dent la diminution de l'impôt, le prompt réta-
blissement du commerce, la restauration subite
des manufactures ; enfin l'abondance et la richesse, fruits d'une tranquillité contre laquelle
l'esprit de parti est un obstacle invincible.....

Rage sanguinaire des factions, troubles hor-
ribles enfantés par la discorde ; fuyez de notre
belle France !...... allez chez nos implacables
ennemis, portez-leur vos dons funestes , juste
salaire dû à leurs noirs projets ! Mais oublions
un temps qui n'est plus ; jetons les yeux dans
l'avenir.

Une perspective consolante, brillante même,
s'offre à nous sous l'empire du plus éclairé des
princes. Déjà nous avons la liberté de la presse,
celle des cultes, la sûreté individuelle, l'ensei-
gnement fondé sur la morale, et l'empereur est
ici depuis quelques jours !....

Après s'être occupé des lois fondamentales de l'Etat, Napoléon descendra dans la classe estimable et laborieuse du peuple, et il la fera jouir des bienfaits de son gouvernement. L'empereur sait que l'extrême indigence, loin d'éveiller l'activité des hommes, les plonge dans une langueur funeste; que le malheureux songe bien plus à se plaindre qu'à chercher les moyens d'embellir son existence; qu'un prince ne doit pas estimer sa puissance, sa richesse, sur l'étendue de son empire, mais sur le nombre de citoyens qu'il renferme, sur leur aisance et sur leur industrie; c'est pourquoi, jetant sur les Français un regard paternel, l'empereur diminuera, avec le temps, le fardeau des subsides; il appellera et retiendra les étrangers dans ses départemens; rétablira l'agriculture dans son primitif honneur; donnera au commerce une liberté indéfinie et les encouragemens nécessaires ; sa main bienfaisante formera des établissemens publics pour le pauvre, à qui la vieillesse et les infirmités interdisent les travaux; l'oisiveté sera proscrite ; d'immenses et nombreuses manufactures, ouvertes aux artisans actifs et laborieux, seront un abri contre l'indigence et une source de richesses pour l'Etat; des ouvrages utiles, dignes de l'opulence de l'ancienne Rome, et tels que nous en possédons, en embellissant nos

villes, occuperont un grand nombre de bras ;
les arts reprendront leur éclat ; nous verrons
encore des Phidias et des Praxitèle. La vertu,
rappelée en France avec le bonheur, nous rendra,
dans la vie civile, la bonne foi, la confiance,
la franchise et la droiture ; la concorde régnera
dans les familles ; tous les ordres de l'Etat con-
courront à sa gloire et à sa prospérité ; la religion,
émanée du ciel, consolera la terre par ses vertueux ministres ; enfin, les mœurs étant corri-
gées, l'âge d'or reviendra pour nous.

Napoléon avait prévu qu'il remonterait sur le
trône ; son plan était fait : l'exécution en fut
rapide comme la pensée. Le héros s'embarque
sur un frêle bâtiment, dont sa fortune tient le
gouvernail..... Il échappe à la vigilance de ses
ennemis, il arrive en France. Louis assembla
des troupes ; il envoya des amis à Napoléon,
dont l'armée grossit tellement en avançant sur
le territoire français, qu'elle fut bientôt portée
à 80 mille hommes. En apercevant l'aigle, signe
assuré de la victoire, les braves volaient au-de-
vant de leur général chéri ; ils serraient les mains
de leurs camarades et versaient des larmes de
joie. La cocarde tricolore, cachée jusqu'alors
avec soin, reparut tout à coup à leurs casques,
comme une preuve de leur dévouement. Le
voyage de Cannes à Paris fut pour Buonaparte,

aussi calme, aussi tranquille qu'il eût pu l'être lorsqu'il était paisiblement sur le trône, reconnu de toute l'Europe.

Le héros ne fut pas insensible à l'enthousiasme de ses vieux guerriers ; il les reçut tous, généraux et soldats, avec la franche cordialité d'un ancien frère d'armes, leur rappelant les différentes affaires où chacun d'eux s'était distingué, et les nommant tous par leur nom. La joie naïve de ses anciens camarades et leur attachement non suspect, furent un triomphe bien doux pour le cœur de Napoléon : il reçut alors la juste récompense du bien qu'il avait fait à ses soldats dans le temps de sa prospérité.

L'histoire n'offre rien de comparable à ce qui vient de se passer sous nos yeux depuis le premier mars. L'accord unanime des Français dans cette circonstance, prouve à quel point ils abhorrent l'esclavage...... Grande leçon pour les princes !...... Il prouve aussi ce qu'ils attendent de l'homme extraordinaire, que le malheur a respecté, afin qu'instruit par les fautes des rois, il vînt recommencer un règne plus glorieux encore que le premier, parce qu'il sera fondé sur la prudence et la sagesse, sans lesquelles il n'est point de gouvernement stable. Mais que n'a-t-on pas droit d'attendre de Napoléon ?

Quel homme que celui qui, relégué dans une

île, à une grande distance du royaume, con-
serve encore de nombreux amis, laisse de longs
et glorieux souvenirs, qui, dans l'infortuue et
devenu simple particulier, éclipse l'ancienne dy-
nastie qui l'a remplacé sur le trôue de France,
dont on oublie les fautes pour ne se souvenir
que du bien qu'il eût pu faire, de celui qu'il a
fait, de l'éclat de son règne, de la gloire qu'il
a répaudue sur la nation, et dés hautes destinées
qu'il lui prépare encore!... Tout sort des règles
ordinaires quand il s'agit de Buonaparte ; sa
chute même eut quelque chose de majestueux,
d'imposant, qui imprimait à l'âme un sentiment
indéfinissable de surprise et d'admiration : semblable aux géans qui voulurent escalader le ciel,
Buonaparte, cédant à l'Europe conjurée contre
lui, fut écrasé par la foudre. Dans son île, sur-
veillé, entouré d'ennemis, c'était encore Atlas
qui, renversé sous des moutagnes, soulevait
le monde..... Sans quitter sa modeste demeure,
il prépara avec une adrèsse inconcevable les
événemens dont nous venons d'être témoins.
D'un bout de la France à l'autre il électrisa
toutes les têtes, embrasa tous les cœurs par cette
magie, dont il est seul capable; en se faisant élire
par le choix du peuple, il est devenu le véritable
chef de la nation....

Si les qualités brillantes de Napoléon étonnent

les sens ; s'il est le héros de son siècle, que ce soit pour le bonheur du peuple français, qui se jette aujourd'hui dans ses bras, qui lui montre une confiance sans bornes !..... Mais, qu'avons-nous à craindre ? La duplicité n'entra jamais dans l'âme d'un grand homme..... L'empereur réalisera toutes nos espérances : avec lui nous verrons régner la bonne foi, la justice, la sagesse, toutes les vertus qui font le bonheur des peuples ; nous aurons la paix et tous ses avantages. Par le commerce nous obtiendrons des richesses et les agrémens de la vie ; l'existence aura alors mille charmes pour nous. Heureux de vivre sous un gouvernement sage et sous un prince, véritablement père du peuple, nous ne formerons plus d'autre vœu que celui de voir prolonger un si beau règne. Cette félicité sans exemple, nous la devrons au réveil de notre grand et illustre empereur Napoléon.

FIN.

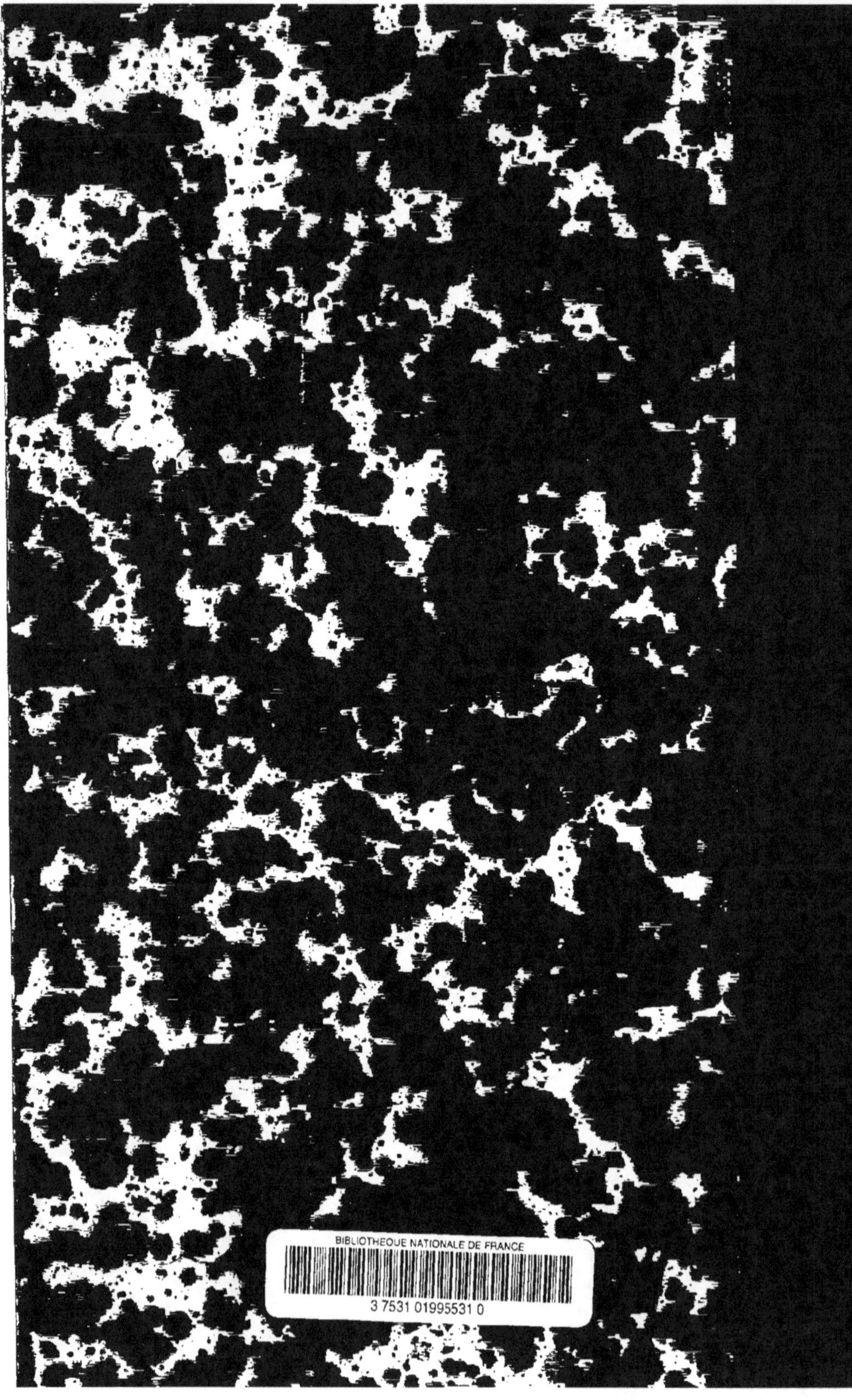

BIBLIOTHEQUE NATIONALE DE FRANCE
3 7531 01995531 0

www.ingramcontent.com/pod-product-compliance
Lightning Source LLC
LaVergne TN
LVHW050325030726
842520LV00005B/1779